창작시(제2집)
매일매일 시(詩)작

새벽과 시를 담다

지은이 소개

황태옥

조인설

양 선

이수민

신재숙

창작시(제2집)
매일매일 시(詩)작

새벽과
시를 담다

프롤로그

매일 새벽, 시가 오는 시간

눈 비비며 맞이하는 새벽 5시 30분,
그 시간 오늘의 시제가 카톡으로 도착합니다

"내 삶을 다르게 바라보게 되네요"
"평소엔 지나치던 장면들이 시가 되어 마음속으로 들어와요"
"글쓰기가 점점 좋아져요"
 라는 말들로 되돌아옵니다

잠깐 멈춰
나를 들여다보고, 마음을 꺼내어 단어를 고르는 시간,
그 작은 습관이 90일을 지나 기적 같은 결과로 이어졌습니다

'나는 시를 쓸 수 있을까'라는 의문은
'나는 시로 나를 표현한다'는 확신으로 바뀌고
삶이 달라지고, 나 자신이 변했습니다

이 표현들은
매일 시와 마주한 네 분 작가들의 진심 어린 외침입니다

이 시집은
단 하루도 빠짐없이 90일 동안 시를 쓰며 자신을 기록한
네 분의 고백입니다

이 시들을 읽는 당신에게도
하루의 사색이 따뜻한 울림으로 전해지기를 바랍니다

지금 이 순간,
당신의 하루도
시로 물들기를 바랍니다.

함께,
사색의 시간으로 빠져볼까요?

책으로 꿈을 디자인하는

황태옥 박사

목 차

하나 황태옥

참 좋다, 당신이라서

1장 당신 있어서 따뜻한 집 (공간)
2장. 말없이 건네는 사랑 (표현)
3장. 나이 들어가는 중입니다 (함께)
4장. 일상 특별한 순간들 (기적)

둘 조인설

행복 캐는 날

1장. 바다처럼 넓게 (자연)
2장. 기억을 건너는 마음 (그리움)
3장. 마음이 흔들릴 때 (괜찮아)
4장. 오늘 하루, 수확한 기쁨 (기쁨)

셋 양 선

오롯이, 나답게

1장. 사랑은 시작처럼 (출발)
2장. 나를 마주하는 시간 (대화)
3장. 희망이란 이름으로 (감사)

넷 이 수 민

말 없는 대화

1장. 기억의 조각들 (추억)
2장. 말 없는 대화 (침묵)
3장. 자연에게 말을 걸다 (함께)
4장. 나를 마주하다 (진심)

다섯 신 재 숙

마음의 별 다섯 개

1장. 꽃이 피어나는 순가 (탄생)
2장. 마음은 단단하게 (시선)
3장. 계절처럼 스며드는 감정 (변화)
4장. 조용히 마음을 여는 순간 (속삭임)

사색시간 하나

참 좋다, 당신이라서

황 태 옥 (바람시인)

도전을 꿈꾸는 이들에게

매일 시(詩)를 쓰게 하고 다듬고

그 시(詩)를 모아 한 권의 책으로 엮는 일을 합니다

연혁

- 경영학 박사
- 꿈나비북스 대표
- 제2회 대한민국자기경영대상 바인더상 수상
- 2023대한민국 인적자원개발 강사대상 수상
- 대한민국을 이끄는 혁신리더 편경영 대상
- 꽃처럼 너를 사랑한다 시집 등 다수
- 한국멘토지도자협의회 강사
- 지필문학 신인문학상 수상
- 한국자서전협회 포항지부
- 전자책출판 전자시집출판 운영 및 강의

네이버 검색	황태옥
이메일	okst111@naver.com
블로그	https://blog.naver.com/okst111
인스타	https://www.instagram.com/taeoktv/okst111

프롤로그

참 좋다, 당신이라서

결혼하고 아웅다웅 살아온 시간이
어느새 인생의 중반을 훌쩍 넘었네요

처음엔 몰랐던 것들이
이제는 익숙한 기쁨이 되고
당연하게 여겼던 것들이
문득문득 소중한 순간으로 다가옵니다

당신이라서
고맙고, 미안하고
참… 좋습니다

누가 보면
그저 평범한 하루였겠지만
우리 둘이 함께였기에 웃을 수 있었고
함께였기에 지금 이 자리에

이 시집은
그런 '참 좋은 당신'과
매일을 살아내는 소박한 고백입니다

참… 당신이라서 좋습니다

목차

1장. 당신 있어서 따뜻한 집 (공간)

우리 집 강아지	17
잠든 얼굴 꼬집을 때	18
차 소리로 알아볼 때	19

2장. 말없이 건네는 사랑 (표현)

물 따라줄 때	21
입맛이 바뀌어도	22
말 안 해도 알 때	23

3장. 나이 들어가는 중입니다 (함께)

흰 머리카락　　　　25
눈 마주칠 때　　　　26
먼저 일어날 때　　　27

4장. 일상 특별한 순간들 (기적)

작은 세상 골프장　　29
함께 달려서　　　　30
새벽시장　　　　　　31

1장
당신 있어서 따뜻한 집 (공간)

우리 집 강아지

잠든 얼굴 꼬집을 때

차 소리로 알아볼 때

우리 집 강아지

우리 집에
말 하는
강아지 한 마리 있어요

재롱도 부리고
애교도 부리고
가끔은
눈치도 보고

그래서
애완견은 필요 없다고
날마다 나에게 놀려요

"당신이 강아지보다 더 귀엽고 깜찍해"

그런데..

난 그 말에
아닌 척 고개 돌렸지만
왜 자꾸 웃음이 나오는지

잠든 얼굴 꼬집을 때

자는 얼굴
가만 보다가

코도 비틀고
귀도 쥐어보고
입도 살짝 돌려 본대요

그렇게 해도
내가 안 깨면
더 귀엽대요

가끔은
깨워도
하나도 안 싫은 거 있죠

난
잘 때도
행복한 사람 맞죠?

차 소리로 알아볼 때

거실에 앉아서
차 소리만 듣고도
"왔구나" 하는 당신

차 문 닫는 소리로
기분도
눈치 채는 당신

그 순간
나는 웃어요

아무 말 안 해도
날 먼저 알아보는 사람

그래서
당신 센스는
사랑이죠

2장
말없이 건네는 사랑 (표현)

물 따라줄 때

입맛이 바뀌어도

말 안 해도 알 때

물 따라줄 때

참 좋다
당신이 물 따라줄 때

나는
컵 내밀며 생긋

당신은
말없이 싱긋

나는
마음으로 웃지요

같은 날
같이 밥 먹는

이런 오늘이
참 좋다

입맛이 바뀌어도

감기 걸렸을 때
약보다 먼저
내 이마에 올린 손

"괜찮아?"
그 한마디에

몸보다
마음이 먼저 나아요

그래서
참,
당신이 좋아요

말 안 해도 알 때

참 신기해요
보고 싶다고
말 안 했는데

당신이
먼저 카톡 보내요

참 신기하죠
내 마음을
당신은 다 알아요

말하지 않아도
당신은
늘 먼저

3장

나이 들어가는 중입니다 (함께)

흰 머리카락

눈 마주칠 때

먼저 일어날 때

흰 머리카락

당신 머리에
하얀 머리카락이

"어?"

놀란 당신 표정에
나도 웃어요

괜찮아요
이제 우리
늙어가는 중이니까요

그래도
당신과 함께여서
참, 좋아요

눈 마주칠 때

그냥 웃어요

아무 말 없는데
눈 마주쳤을 뿐인데

왜 이리
가슴이 따뜻해지죠

당신이니까
그냥
당신이니까

좋아요
당신

먼저 일어날 때

당신이
햇살보다 먼저 일어나

내 손
내 발
내 머리를
마사지 해줄 때

내 눈이 빛나요
마음이 따뜻해요

그래서
매일매일
참 고마워요

4장
일상 특별한 순간들 (기적)

작은 세상 골프장

함께 달려서

새벽시장

작은 세상 골프장

바람이 살랑이고
잔디도 파릇파릇

당신
티샷 할 때
나는 응원해요

"나이스 샷! 최고"

내가 놓친 공
당신 웃으며
"괜찮아"

당신이
잘 칠 때는
기분 좋게 박수 쳐요

함께 달려서

비 오는 날
드라이브 하자고
말하는 당신
참, 좋다

꽃 피는 봄날
꽃길 달리자고
말하는 당신
참, 좋다

여름
푸른 바닷길
같이 달리는 길
참, 좋다

창밖보다
당신 얼굴 보는 게
더 좋다

당신이랑
함께 달리는 중

그래서
참, 좋다

새벽시장

한 손에
장바구니 들고

다른 한 손엔
당신 손잡고

천천히 걷는
새벽시장

무릎은 아파도
당신 손이 따뜻해
힘들어도 괜찮아

"우리 회 먹을래?"
물어보는 당신

이 길이
내 하루 중
제일 맛있고
제일 행복한
새벽시장

사색시간 둘

행복 캐는 날

조인설

신문사 기자에서 직업상담사로,

그리고 현재는

직무소양교육 강사로 활동 중이다

전자책출판 전문가로 새로운 도전을 준비하고 있다

연혁

- 새론인재교육연구소 대표
- 한국자서전협회 순천지부장
- 전자책출판지도사
- 자서전출판지도사
- 국제임상아로마협회 아로마테라피스트
- 면접 컨설턴트
- 직무소양교육 강사

네이버 검색   조인설
이메일   flowerstory01@naver.com
블로그   https://blog.naver.com/flowerstory01

작가의 한마디

행복은 매일 아침 카톡 하고 도착했습니다
하루를 여는 시간 아침 5시 30분
세상보다 먼저 눈을 떠
조심스레 시 한 줄을 적었습니다

그렇게 써 내려간 시들이 90일째
마침내
하루를 살아낼 힘이 되었고
어제의 마음을 다독이는 위로가 되었습니다

그리고
오늘 하루의 기쁨을 수확하며
작지만 단단한 행복을 캐내게 되었습니다

이 시집은
그렇게 시작된 매일의 기록입니다
당신도 이 시를 따라
자신만의 '행복을 캐는 날'이 되었으면 합니다

목차

1장. 바다처럼 넓게 (자연)

달빛에 기대어	39
내 마음을 닮은 바다	40
유채꽃이 피었다	42

2장. 기억을 건너는 마음 (그리움)

그리움은 별이 되어	45
그리움	46
먼저 도착한 마음	48

목차

3장. 마음이 흔들릴 때 (괜찮아)

별 하나에 소망 하나	50
괜찮아, 잘하고 있어	51
여행 떠나고 싶다	52

4장. 오늘 하루, 수확한 기쁨 (기쁨)

마음에 꽃이 핀다	54
그대가 그랬다	55
행복 캐는 날	56

1장
바다처럼 넓게 (자연)

달빛에 기대어

내 마음을 닮은 바다

유채꽃이 피었다

달빛에 기대어

달빛에 기대어
함께 걷던 길

서늘한 바람에
옷깃 여미던 순간

말없이
손을 내밀던 당신

무심한 듯
아무 말 없었지만

그때 참
따스하더라
당신 손

달빛에 가려
당신은 몰랐겠지만

내 볼 끝엔
수홍빛 가을이
살며시
내려앉았어

내 마음을 닮은 바다

슬플 때 바라보는 바다
고요한 물결 사이로
내 마음 비추며
조용히 위로하는
거울 같다

힘들 때 바라보는 바다
말없이 다가와
지친 나를 감싸주는
엄마 같다

화날 때 바라보는 바다
일렁이는 파도 따라
툭툭
무심한 듯 말 거는
친구 같다

사랑할 때 바라보는 바다
햇살에 반짝이며
실눈 사이 번지는
수줍은 미소
첫사랑 같다

행복할 때 바라보는 바다
가슴 벅찬 설렘으로
"사랑해"속삭이는
당신 같다

그래서 나는
바다가 좋다
내 마음을 닮은 바다

유채꽃이 피었다

드들강변 유채꽃밭
두런두런 이야기 나누며
아버지와 함께 걸었다

디딤돌 놓고 건너는 작은 강
그래서 드들강이란다

어린 시절
아빠 손잡고 걷던 길
반쯤 뛰다시피 했던 걸음

이제는
느릿느릿
걷다 쉬다 하는 걸음으로

엄마와 걷던 길
"혼자는 싫다"
한사코 마다시던 아버지와
오랜만에 꽃길 산책

아버지 손잡고
쉬엄쉬엄 걷는 길
연둣빛 유채꽃이 피었다

아버지 입가에도
고운 미소가 피었다

2장

기억을 건너는 마음 (그리움)

그리움은 별이 되어

그리움

먼저 도착한 마음

그리움은 별이 되어

삶의 길목마다
인연은 피었다 지곤 했다

스치듯
지나가도 따뜻했고
머물수록 더 깊었다

언젠가부터
소원해진 관계마저도

돌아보면
모두가
내 삶의 한 조각

그리움은
별이 되어
하늘에 뜨고

마음 시린 밤
그 별빛 하나
말없이 다가와
곁에 앉는다

그리움

메주콩 삶던 날
집 안 가득 퍼지던
구수한 냄새

절구에 찧고
네모나게 빚어
새끼줄에 매달던 메주

익어가며 풍기던
꼬롬한 장 냄새

지금 생각해보면
모든 것이
그리움이었다

음식은
장맛이라던 엄마
장독만 봐도 생각나는
엄마의 밥상

아
이토록 오래
그리운 엄마 사랑

세월이 흘러
내 아이는
어떤 맛을
기억할까

밀키트 ...

먼저 도착한 마음

설렘 가득
여행을 기다린다

바다 너머
해가 솟기를 기다리고

어둠 지나
별들의 향연을 기다리며

그리고
당신을 기다린다

기다림은
사랑이
먼저 도착한 자리

오늘도
마음이 먼저 가
살포시 앉아 있다

3장
마음이 흔들릴 때 (괜찮아)

별 하나에 소망 하나

괜찮아, 잘하고 있어

여행 떠나고 싶다

별 하나에 소망 하나

공기마저 낯선 도시
엄마의 품 떠나
꿈꾸던 독립을 이루던 날

설렘의 하루가 저물고
어둠과 함께
두려움도 짙어지던 밤

늦도록 끄지 못한 전등불이
스르르 잠들던 순간

깊은 어둠을 지나
나의 작은 하늘에
빛을 내던

별 하나, 별 둘, 별 셋

누군가의 소망을 담은 별 셋이
그 밤,
조용히 내 곁을 지켜주었다

괜찮아, 잘하고 있어

하늘은
속이 훤히 들여다보이는
순수한 아이

파스텔 블루를 머금은 하늘은
봄날의 새싹

짙푸른 코발트 블루의 하늘은
여름날의 열정

깊고 투명한 푸른빛의 하늘은
가을날의 고요함

청회색으로 물든 하늘은
겨울날 살며시 내려앉은 마음

표정을 숨길 줄 모르는 하늘은
오늘도 조용히 속삭이다

"조금 흐릴 거야.
하지만 괜찮아 잘 하고 있어"

여행 떠나고 싶다

출근길
하늘은 푸르고
구름은 넘실넘실

내 마음도 두둥실
아, 출근하기 싫다

이대로 쭉 달리면
어딘가 닿겠지

찰랑찰랑
햇살이 눈부셔서

살랑살랑
바람이 불어서

부슬부슬
비가 내려서

소복소복
눈이 내려서

아,
오늘은
여행 떠나고 싶다

4장
오늘 하루, 수확한 기쁨 (기쁨)

마음에 꽃이 핀다
그대가 그랬다
당신의 사랑

마음에 꽃이 핀다

겨우내 솜털 옷 입고
봄을 품은 목련이
꽃망울을 터뜨린다

꽃들을 향해
살며시 속삭인다
"얘들아, 봄이야."

토닥토닥
투닥투닥
봄 언어 쓰는 남자와
가을 언어 쓰는 여자

둘이 만나
셋이 되고

셋만큼의 무게 이겨내고
셋 그 이상의 사랑 품고

피고 지는 사계절
함께 걸어온 우리

쉰다섯
두 번째 인생의 봄
마음에 꽃이 핀다

그대가 그랬다

쨍한 햇살 사이로
여우비가 지나고

일곱 빛깔 무지개
하늘 끝에 걸렸다

귀한 손님 오시려나

살다 보면
믿기지 않는 인연이
꿈처럼 찾아올 때가 있다

그대가 그랬다

비 오는 날
잠시 머물던 햇살처럼

행복 캐는 날

호미로 파헤치다 보면
상처가 나기도 한단다

줄기부터 걷어내고
먼 데서부터
천천히 파내려 가면

크고 작은 알맹이들
차례차례 매달려 나오지

때로는
기름진 흙을 지나며
지렁이를 만나
깜짝 놀라기도 하지만

땅속 보물 캐는 재미에
해지는 줄 모른다

삶도 그렇더라

더러는 기쁘고
놀라운 날을 만나고

가끔은
눈물 나는 날도 있지만

적당히 힘 빼고
안아주고, 안기면서
어우러져 사는 거야

고구마처럼
속 깊은 삶을
조심스레 캐내며

누구랄 것 없이
모두가
행복했으면 좋겠어

사색시간 셋

오롯이, 나답게

양 선

시를 쓰기 시작하면서 나의 변화
《베에토벤 교향곡이었다》

연혁

- 여여나무연구소 출판사 대표
- 한국자서전협회 김해지부장

네이버 검색 양선
이메일 yesing30@naver.com
블로그 yesing30@naver.com:

작가의 한마디

행복은 매일 아침, 아주 작게 도착했습니다
하루를 여는 시간, 아침 5시 30분

문득 이런 질문을 던져봅니다
"시 쓰기, 어때요?"
돌아오는 대답은 대부분 비슷했죠

"시? 돈 많거나 유명한 사람이 하는 거잖아요…"
사실, 나 역시 그랬습니다

나무토막처럼 굳은 몸과 마음 그런 나를 깨운 건
지인의 따뜻한 전화 한 통이었습니다

그렇게 시작된 '시 쓰기 프로젝트'
딱딱했던 몸에 신호를 주기 위해
그저 쓰기 시작했을 뿐이었습니다

하루, 또 하루.
글자 몇 줄에 마음을 얹다 보니
어느새 '토마토 스토리' 라는 내 삶의 이야기가
만들어졌습니다

누구든, 시를 써보라고
행복을 찾는 가장 따뜻한 방식 중 하나라고
심리상담사로서 저는 말하고 싶습니다

이 시집은
'나답게 살아가고 싶은 마음'에서 시작되었고
소중한 사람들과의 인연으로 새벽 5시 30분
시제를 받으며 시작된 제 삶의 작은 선물입니다

당신에게도
'오롯한 나' 를 마주하는 시 쓰기에 도전 해보세요
그럼, 따뜻한 시간이 될 것 입니다

지금부터
이야기를 시작합니다.

목차

1장. 사랑은 시작처럼(출발)

엄마의 꽃	65
같이 커가는 행복	66
이별 준비	67
희망과 기적	68

2장. 나를 마주하는 시간 (대화)

맑은 하늘의 스카프	71
사랑의 다짐	72
햇살의 속삭임	73
반성의 비누	74

3장. 희망이란 이름으로 (감사)

너에게	77
달빛 보디가드	78
연필 공장	79

1장

사랑의 시작처럼 (출발)

엄마의 꽃

같이 커가는 행복

이별 준비

희망의 기적

엄마의 꽃

늘 좋은 향기
피워내던 엄마 꽃

늘 잘 했다고
꽃향기로 말해 주던 엄마

엄마의 꽃향기는
언제나 그 자리에서 나를 응원한다

나도
누군가의 마음에 작은 꽃 되어
엄마처럼 오래도록 기억되고 싶다

같이 커 가는 행복

어릴 때
주는 부모의 행복

학생 시절 주는 친구의 행복
결혼 후 남편이 주는 행복
자식이 주는 행복

적립한
행복을 모아~모아~ 두 손에~
내가 성장하듯
행복도 함께 성장한

행복은
스스로가 만들고
꾸미면서 설렘과 함께 성장 한다

이별 준비

보이는 세상에서
이별을 준비한다
보일 때까지

좋은 생각, 사진, 추억, 기억
세상의 모든 기억 담는다
보이지 않을 때까지

쉬지 않고 담는다
세상과 영원히 끝날 그날까지
이별을 준비한다

보이는 이별이
추억으로 남아
행복한 이별이 된다

희망과 기적

희망과 기적
과거의 소중한 경험
현재의 현실적인 희망

미래의
성공을 그리는 희망
모든 희망이 빛이 되어 다가오네

희망은
기적의 에너지
차곡차곡 쌓아두고

그 에너지는
내가 지칠 때면
살며시. 뿌려 주네

에너지를 받은
내 입가에 웃음꽃 피어나네

2장
나를 마주하는 시간 (대화)

맑은 하늘의 스카프

사랑의 다짐

햇살의 속삭임

반성의 비누

맑은 하늘에 스카프

맑은 하늘에
스카프 날아가네

두 날개 단 듯
스카프 비행하네

가볍게 흩날리며
맑은 하늘 헤엄치네

두둥실 떠가는
하얀 구름 따라

지금, 이 순간
하늘에 머무르네

이 가벼움, 이 기쁨
간직하고 싶어
이 기분 그대로

사랑의 다짐

하나,
나답게 입고, 먹고, 자고, 운동하고
나답게 말하기
긍정의 다짐은 나의 에너지
몇 배로 나다운 행동은 나의 행복

둘
엄마답게
가족을 위해 정성을 담아
음식하고, 빨래하고, 청소

셋,
며느리답게
그냥 어머님과 부딪히지 않기

그, 이 모든 일상이
늘 나의 다짐이 되듯
사랑의 다짐을
오늘도 나에게 한 번 더…

햇살의 속삭임

아침 창가에
햇살이
나지막한 목소리로

잘 잤니
인사를 건넨다

오늘도 여전히
창가햇살 속에서
온몸으로
기지개를 편다

여름 아침
햇살의 속삭임은
사랑이었다

가족과 함께여서
더 아름다운 사랑이다

반성의 비누

매일
새로운 하루를 돌아보며
마음을 깨끗이 마무리한다

반성의 비누로
아픈 말, 미운 말, 싫은 말
마음에 남은 거친 말들을
말끔히 씻어 낸다

하루를 되새기며
나 자신을 반성하듯
마음의 비누로
속마음을 닦아 낸다

내일을 위해
샤워하듯 오늘을 씻고
하루를 마무리한다

멍때리기

아무 생각 없이
그저 멍하니

말 없는 수행처럼
멍때리기는
머릿속 찌꺼기를
깨끗히 씻어낸다

시작과 중간 마무리까지
마음에 스며드는
힐링 영양제
멍때리기는
나를 다독이는
편안한 진정제

지금도
멍때리는 중

3장
희망이라는 이름으로 (감사)

너에게

달빛 보디가드

연필 공장

너에게

아들은
하늘이 주신
기적같은 선물

네가
우리 가족이 되어
희망이 되었고
빛이 되었지
네가 태어난 날

집 안 가득
햇살이 퍼졌단다
누나에겐
귀여운 친구가 생겼고
하루 종일
네 껌딱지가 되었지

네가 웃으면
누나도 웃었고
우린 또 한 번
사랑을 배웠지

너는
우리의 보호막이고
누나에겐
꼭 안고 싶은 선물

달빛 보디가드

사계절, 낮과 밤
늘 보호막 되어주는 달빛

도시 길도, 시골길도
환하게 밝혀주는 빛

혹시
다칠까, 힘들까,

미끄러질까 걱정하는
달빛 보디가드 마음
예쁘게 비추는 마음

왠지 꼭
내 마음 같아

사랑을 닮은
달빛 보디가드

오늘도 나는
따뜻한 보호받으며
화이팅한다

연필 공장

부드러운 흑연이 와
점토 이리저리 다듬어
가래떡처럼 만든다

흑연과 점토가 만나
하나 된 연필심

연필심 깎는 소리
여러 모양의 나무 집
심은 구경을 다닌다

이 집 저 집 살펴본 뒤
고르고 꾸며
나무집으로 이사 간다

나무집에 들어와
연필심이 자리 잡으면 연필 완성

연필 공장에 만들어진
내 연필도 예쁜 집 가졌네

덕분에 나는
생각을 마음껏 표현하네!

사색시간 넷

말 없는 대화
이수민

지구를 살리고 환경을 지키는

친환경 뷰티업에 20년차

환경분야 리더십분야 꿈을 전하는

프리랜서 강사

연혁

- 주)어뉴엠 지사장
- 프리랜서강사

네이버 검색 이수민
이메일 anm1win@naver.com
블로그 https://blog.naver.com/lsmwkd690503

작가의 한마디

어느 날 문득,
바쁜 하루를 멈추고
가만히 창밖을 보았습니다

스쳐가는 바람에도
머물던 햇살에도
이유 모를 감정이 일렁일 때가 있지요

그럴 때마다
마음 깊은 곳에 오래도록 남아 있던 말들이
시가 되어 조용히 고개를 들었습니다

이 시집은
매일매일 모이처럼
새벽 5시 30분에 던져주는 詩제에 맞춰
그동안 흘려보낸 기억들
말하지 못한 마음들

그리고 나 자신을 다시 마주한 순간들을
한 편 한 편의 시에 담았습니다

이 시를 읽는 동안
당신 안의 조용한 이야기들도
따뜻하게 깨어나길 바랍니다

2025년 7월 여름

목차

1장. 기억의 조각들 (추억)

달빛청하	87
잃어버린 장갑	88
고향의 여름	90

2장. 말 없는 대화 (침묵)

비누	93
투명한 경계	94
속삭임의 물결	96

3장. 자연에게 말을 걸다 (함께)

연필 99
모닝글로리 구름 100
산을 품은 큰산 102

4장. 나를 마주하다 (진심)

책에게 묻다 105
이별미소 106
너에게 108

1장
기억의 조각들 (추억)

달빛청하
잃어버린 장갑
고향의 여름

달빛 청하

달빛 머금은 잔
푸른 하늘 한 모금
붉은 입술에 적신다

혀끝에서 피어나는
은하의 파편들
입 안 가득
폭죽처럼 터진다

방울방울 사라지는
수만 개의 거품
기억처럼 아련하다

화이트와인의 여운인가
청주의 깊은 고요인가

스파클링한 깔끔함
연한 노란 자태
청포도 향기 머금은

곡물의 숨결이
코끝을 간질인다

잠 못 드는 이 밤
그대 그리운 이 밤

잃어버린 장갑

주말 대청소 날
가구 틈 먼지 속에서
아끼던 장갑 한 짝이 돌아왔다

한때
나를 보호해 주던
아끼고 귀한 내 물건
그 장갑

어느 날
흔적도 없이 사라졌다

버리지 않고
기다린 또 한 짝의 장갑

둘이 있어야
비로소 제 몫을 다하는
한 쌍의 존재

예쁘고 새것일 땐
나를 외면 하더니
닳고 해진 모습으로
불쑥 돌아온 저 장갑

버리고 싶지만
쌍을 이뤘으니 함께 가야 하는
저 장갑

참
남편을 닮았다

고향의 여름

무더운 여름밤
시골 고향집 마당엔
온통 모깃불 타는 냄새

벽돌 모양 모기장 속
줄지어 나란히 누운 아이들

어둠 속
앵-앵- 모기 소리
귓가에 맴돌고

애꿎은 자기 뺨만
찰~싹!

약 올리는 모기
요리조리
날렵하게 곡예를 탄다

한밤에
박수 소리
지붕을 뚫는다

엉덩이 빨간
욕심쟁이 모기

끝내 날지 못하고
방바닥엔 붉게 번진
혈흔자국만

이젠
사라진 고향집

그 자리에
높디높은 고층 아파트

하지만
눈을 감으면
언제나 떠오른다

모깃불 연기 나는 마당
그 여름의 내 고향

참, 그립다

2장

말 없는 대화 (침묵)

비누

투명한 경계

속삭임의 물결

비누

단단했던 시간들이
손안에서 스르르 녹고

틀에 갇혀 있던 마음도
따뜻한 물결 따라
금세 둥글어집니다

딱딱하던 마음은
부드러운 액체 되어
물과 함께 사라지고

묵은 더러움까지
말끔히 씻어내어
세상을 맑게 만듭니다

작은 몸짓 하나로
환한 빛을 찾게 하지요

조용하지만 강한
비누 같은 당신
그래서, 참 좋습니다

투명한 경계

안경을 씁니다.
오랜 상처 위에 내려앉은
몇 방울 서러움

수만 갈래 벼려진 시선
조심스레 감싸 안으려
안경을 씁니다

눈부시게 빛나는
곧고 정의로운
세상을 똑바로 마주하려

까만 어둠이 눈가에 내려
진심을 숨긴 채
다른 내가 되어보려
안경을 벗습니다

안경 너머 세상은
번진 수채화
안갯빛 흐림 속의 환상
덧칠된 현실

그 투명한 경계 위에 서서
흐릿함 속의 선명함과
선명함 속의 흐릿함을
가만히 응시합니다

속삭임의 물결

설렘의 밤을 지나
오늘은
희망의 해가 뜬다

미래를 약속하는
해가 뜬다

미래의 길목에서
숨죽여 기다린
절반의 선택

작은 힘
종이 한 장으로
세상을 바꿀 수 있을까

변화의 파동은
대지를 흔들 수 있을까

흠결을 품은
더 단단해진 뿌리

어제의 나와
오늘의 나

그리고
미래의 나를 위한
작은 손짓

거대한 침묵 아래
고요히 번져가는
속삭임의 물결

3장
나이 들어가는 중입니다 (함께)

연필

모닝글로리 구름

산을 품은 큰산

연필

딱딱한 나무 옷 입고
굳어버린 내 모습

칼날이 살을 도려내는
고통을 견디며
뽀얀 속살을 드러낸다

기다리고
애태우다
검게 그을린 마음

숨기고 감춘
굵은 속마음 드러낸다

힘센 압력에 부러지고
약함에 짓눌린 세상 속에

다시금
뾰족한 벼랑 끝에 설지라도
이 생명 다하는 날까지
그대와 머물기를

검게 물든 속마음 다 한 날
그대의 추억이 되기를

모닝글로리 구름

하늘에
거대한 롤케이크
둥글게 길게 말아 올렸죠

지평선
이쪽 끝에서 저쪽 끝까지
두루마리 휴지
쭉 펼쳐 놓았죠

거센 구름 파도 헤치며
맑고 푸른 어느 날
하얀 구름 사이로
무지개 떠오르길 고대하며

구름이 지나온 시간만큼
뜬구름 같은 세상

이제는
땅에 발 딛고
뿌리 내려
큰 나무로 자라나

떠도는 마음
단단한 나뭇가지에
꼭
묶어 두렵니다

산을 품은 큰산

권위 높고 단단한 산
그 산을 품은
더 깊고 큰산

정의가 강물처럼 흐르고
상식이 통하는
보통 사람

원칙과 정도를 따라
험한 길을 묵묵히 걸어가신
소박한 사람

역사는
여전히 도도하게 흐르고

모든 것을 안고서
더 큰 산을 품은 산으로
당신은 들어가셨죠

노란 추모의 물결 속
산 자를 일깨우는
큰산의 울림

부엉바위만이
그 진실을 지키고 있고

"손잡고 미래로 가자"
당신이 남긴 그 약속

5월이 오면
당신의 따뜻한 목소리
온화한 미소가
사무치게 그립습니다

4장
나를 마주하다 (진심)

책에게 묻다

이별미소

너에게

책에게 묻다

트렌드 잡지책
겉모습 컬러풀
금세 훑어보다
결국 냄비받침대로

두꺼운 전공책
언젠가 깨어날 가치
오랜 침묵 속 동거 중

베스트셀러는
흥미로 반짝반짝

어둡고 긴 터널 끝
나를 밝혀주는 책

좋은 인생책처럼
나도 명품이고 싶다

오늘도
수많은 유혹 뿌리치고
책을 펼친다

이별미소

마지막 인사를 건네던
그대 얼굴에
옅게 걸려 있는 미소

햇살 아래 반짝이던
눈부신 물결처럼

그 미소 뒤에 숨겨진
쏟아진 눈물방울
나는 보았다

가슴 시린 슬픔
입술 끝에 매달려
애써 올린 입꼬리

그대의 아련한 미소
돌아서던 뒷모습에
무거운 침묵으로 새겨지고

나의 미소 또한
작별의 언어 되어

그 옛날
우리의 이야기

미소로 찍은
슬픈 마침표

가슴 한 켠에 남은
그날, 그 미소

시린 바람 불때마다
아프게 흔들린다

그대
엷은 미소가

너에게

온라인 파도를
타고 타고 접한
이름 세 글자

보고 싶은 마음으로
안부라도 전해볼까

손가락이 떨리고
심장이 뛴다

변해버린
너의 모습

누르지 말 걸
보지말 걸 그랬어

기억만큼만
추억할걸 그랬어

너는
멋진 왕자였는데

변해버린 너의 모습에
반짝이는 눈빛만은
그대로더라

너의 기억 속
공주로 남고 싶은 나

오늘도
거울 앞에 앉는다

사색시간 다섯

마음의 별 다섯 개

신 재 숙

사회복지 실천가
30년간 공신력을 표방하며
사회복지 실천가로 근무하고 있다.
근래에 해외 사례와 비교분석 후
탐방하며 학회활동을 통해
선진형 k복지를 위해 노력하고 있다

연혁

- 포천노인복지센터 소장
- 경기도재가노인복지협회 감사
- 경기도장기요양요원지원센터 운영위원
- 포천시사회복지협의회 감사
- 포천시사회복지사협회 운영위원
- 서울시사이버평생교육원 평가 교수
- 경기도장기요양요원지원센터 운영위원

이메일 sjs3337@hanmail.net

작가의 한마디

하루 종일 머리가 지끈거리던 날
새벽 5시 30분부터 詩제 하나를 붙잡고 하루 종일 고민만 했습니다

첫 문장이 나오지 않아 포기하고 싶었던 순간도 참 많았습니다
하지만 하루를 들여다보며 써 내려간 이 문장은
내 마음을 꺼내고 내 삶을 들여다보게 해주었습니다

처음엔 조심스러운 한 줄 이었고
그 다음엔 나조차 놀란 감정이었으며
어느 순간엔 스스로에게 건네는 다정한 위로가 되었습니다

이제는 생각합니다.
시적 감각이란 특별한 재능이 아니라
삶을 깊이 바라보는 마음에서 시작되는 것이라고

이 시집은
나를 믿어본 시간의 순간이고
삶을 별처럼 밝혀준 노력의 결과물입니다

목차

1장. 꽃이 피어나는 순간 (탄생)

커피처럼 삶처럼	117
그래도 괜찮아	118
별이 다섯 개	120

2장. 마음은 단단하게 (시선)

항상 너와 함께 있을게	124
봄바람은 콧바람	126
내 맘대로의 꿈	128

3장. 계절처럼 스며드는 감정 (변화)

사랑이 찾아오다 131
희망 나무 132
마니또 사랑 134

4장. 조용히 마음을 여는 순간 (속삭임)

독서 사로잡는 끌림 137
경이로운 탄생 138
자연섭리의 물 140

1장
꽃이 피어나는 순간 (탄생)

커피처럼 삶처럼

그래도 괜찮아

별이 다섯 개

커피처럼 삶처럼

산미와 바디 감
입맛에 맞춰
오늘의 커피를 선택한다

멋진 자연 환경 카페
포근한 조명이 감싸는 카페
넉넉한 공간 속 안락함의 카페

벽에 걸린 멋진 그림
영화 속 주인공이 있는 카페
나는 그 분위기에 취한다

오늘도 무엇을 마실까
선택의 기로에 선다

삶 또한
커피처럼
수많은 선택의 연속

좋은 선택 하나가
하루를 그리고 인생을
더 깊고 풍요롭게 만든다

그래도 괜찮아

소풍 전날
내일 비가 올까
걱정 반 설렘 반
밤새 뒤척였지

보물찾기
어디에 숨겨둘까

상상만으로도
밤새 꼼지락 꼼지락

새벽부터
김밥 싸는 엄마처럼

나도 어느새
소풍형 아침 인간이 되어

어릴 적엔
풋풋한 기다림이
순수하게
마음을 설레게 했지

지금은
조금 무뎌진 마음
성급함만 남아

그래도 괜찮아

연륜 속에 피어난
인내 참을성 절제

기회는
빈 마음을
채워주었으니까

그리움과 기다림은
더 나은 내일을 위한

따듯한 약속이자
새로운 시작이니까

별이 다섯 개

손수건 가슴에 달고
두근두근

설렘 반 기대 반
초등학교에 입학한 꼬마

받아쓰기
덧셈 뺄셈 배우며

공책 위엔
예쁜 선생님이
빨간 색연필로 그려주신

달팽이 그림
별이 다섯 개로
기분도 몸도
하늘로 붕 떠올랐지

아, 그날이 생각나네
별 다섯 개
그리고 "참 잘했어요"

칭찬 한마디에
자존감이
쑥쑥쑥 자라던 그 시절

세월 흘러
흰 머리카락

인생의 주름이 내려앉아도
여전히 나는 칭찬이 좋다

누군가 내게
"당신의 삶, 별 다섯개 "라고
그려줬으면 좋겠다

2장
마음은 단단하게 (시선)

항상 너와 함께 있을게

봄바람은 콧바람

내 맘대로의 꿈

모자이크 인생

항상 너와 함께 있을게

하늘에
솜과 털을 붙이니
저 위에 계신 분이
포근하다 하시네

유유히 흐르는 구름은
작고 앙증맞은
푸바오가 되었다가
웅장한 궁궐이 되네

포근한 구름은
무지갯빛 옷 갈아입고
하늘에 고운 수를 놓네

저 위에 계신 분이
기분이 좋다 하시네

갑자기
비올 것 같은 검은 구름이
슬픔과 허망한 마음 번지네

저위에 계신 분이
쏟아지는 햇살 뿌리며
희망의 구름으로
멋지게 탄생 시키네

희망 구름과 함께
"항상 너와 함께 있을게"
약속하시네

봄바람은 콧바람

봄은
소리로 먼저
우리 곁에 온다

곤줄박이 지저귀면
개나리 진달래가 피고

송아지는
"엄매~ 봄이 왔어요~" 외치고

종달새는
상큼 발랄한 노래로
멜로디 타고 우리에게 온다

봄바람은
스치는 머리카락 사이로
원숙한 중장년의 마음을 흔들고

파스텔 톤 원피스를 입고
어디론가 떠나고 싶은
설레는 마음을 갖게 한다

봄바람은 그래서 콧바람

봄바람은
콧바람 되어
자연을 탐구하고

느끼며 힐링하여
삶을 윤택하게 하니
나는 콧바람의 봄이 좋다

내 맘대로의 꿈

눈 내리는
정원을 담고 싶은
흰머리 청춘

타고난 기교보다
꿈을 향한 거침없는 붓 터치

꾀꼬리는 날아가고
쉰 목소리만 남았지만

콘서트 조명 아래
발라드 향한 열정 대단하다

기타 메고
여행 떠나
찰칵 순간을 담는
노년의 꿈

자신 있는 워킹
당당히 무대 누비는
시니어 모델

한 줌의 약 삼키고
세상으로 나섰지만

마음은 자유롭고
삶은 평화로다

내 맘대로 꾸는
소중한 꿈

야무지게 키워낸
성숙한 아름다운 삶

3장
계절처럼 스며드는 감정 (변화)

사랑이 찾아오다

희망 나무

마니또 사랑

사랑이 찾아오다

살랑살랑 부는 바람
봄 처녀 가슴처럼
설렘의 사랑이
삼월에 찾아왔다

귀하고 귀한 어버이 사랑
신뢰와 믿음 속 형제 사랑
끈끈한 귀한 사랑이
오월에 찾아왔다

친구의 우정과
희로애락 나누며
나를 성장시킨 사랑은
칠월에 찾아왔다

삶을 사랑이라 알려주는 그 빛
모든 이를 존중하라는
사랑의 메시지가
십이월에 찾아왔다

나는
이 모든 사랑이 좋다

그래서 열두 달 내내
사랑 가득 채워가며 살아가련다

희망 나무

건강의 뿌리에
생명 훅 부우니
튼튼한 기둥

꿈과 사랑의
싱그러운 잎들은
반갑다 손짓

탐스런 희망열매
주렁주렁

손잡아주고
쓰담쓰담

피어나는
어깨동무

절망의 버림
희망의 미학

희망 선에 선
맹세와 다짐이 들려온다

어제보다 오늘은
더 나아질 거야

희망나무가 있으니

서로를 비추는 눈빛 속에
내일이 자란다

마니또 사랑

약속하며
누군가를 챙겨주는 놀이

비밀스런
수호천사가 생긴 날

무명의 편지 한 장
스치듯 휙 가슴에 닿는다

리듬타고
선물처럼 날아온 말

위로와 격려 메시지
힘이 되는 귀한 문장

축 처진 어깨가
으쓱으쓱

어느새
날개 입은 듯 가볍다

약속하지 않은 놀이
소리 없이 살짝 쿵
마음 안에 들어온 날
평범한 하루가

특별해지는 순간
끈끈한 사랑이
행복한 믿음되어

마니또 사랑
그 이름만으로
환해지는 우리 사이

4
조용히 마음을 여는 순간

독서 사로잡는 끌림

경이로운 탄생

자연섭리의 물

독서 사로잡는 끌림

감정이 얼굴을 내밀며
눈도 잘 안보이잖아
그냥 놀자 한다

생각이 반짝이며
빛나는 눈빛으로 말한다
성장하자며
독서로 유혹한다

건강한 몸을 만들려면
꾸준한 운동이 필요하듯

매일매일 책 읽다 보면
기쁜 생각
삶의 변화

새로운 발견 위해
첫 페이지를 넘긴다

세계지도가 춤추고
오색찬란한 이야기
다양한 가치들이
울림 되어 마음에 담는다

물음표와 느낌표
사로잡는 끌림에 이끌린다

경이로운 탄생

좋은 생각만
품고 또 품어
좋은 것을 주기 위한
행복한 탄생이 있듯이

정감 어린 옛 원고지에
연필로 사각사각
적어 내려간
나만의 인생 낭만 시
수줍게 고개를 빼꼼

연필
잡을 때마다
적어 내릴 때마다
새로운 기운이 쑥쑥

연필심
경도와 농도에 따라
딱딱하고 연하게 작성한 인생
부드럽고
진한 삶이 새겨진다

신비롭고 경이로운
감성을 톡 건드리는
새로운 탄생을 위해

심지를 세우고
단단한 다짐으로
삶을 쓰고
마음을 담고
미래를 만들어 낸다

자연섭리의 물

산속 냇가 흐르는 물소리
산새들과 어우러져
졸졸졸 노래하네

초록 잎들과
알록달록 꽃들과
조화를 이루니 금상첨화

물소리에 귀 기울이니
할 수 있어 격려하고

물을 만지려 하니
손가락 사이로
물거품만 남기며
움켜쥐지 말라하네

물방울은 튀어 올라
주변으로 흩어지며
생명을 살리는 분수대로 변신

규칙적인 물 섭취로
내 몸의 노폐물 씻어내고
싱싱함을 유지하라하네

생명의 근원

사랑의 물은 나를 향해
나를 아껴 달라 신호 하네

산소 같은 맑은 물
고여 섞지 않도록
자연의 섭리에 맞춰

후손에게도
깨끗이 물려주라

작가의 변화 이야기

조인설 | 시를 쓰면서 나의 변화 5가지

- 마음의 정리
- 감정에 이름을 붙임
- 낯선 나와의 마주침
- 일상의 발견
- 고요한 머무름

양 선 | 시를 쓰면서 나의 변화 5가지

- 마음 편안함
- 생각의 정리
- 상담의 효율
- 부드러운 대화
- 뇌 훈련 효과

이수민 | 시를 쓰면서 나의 변화 5가지

- 나의 삶을 돌아봄
- 미련함에 대한 정리
- 생각을 정리하는 습관
- 멋진 나와의 만남
- 매일 선물 받는 느낌

신재숙 | 시를 쓰면서 나의 변화 5가지

- 감성 자극
- 긍정적 자아, 자유, 즐거움
- 깊고 넓어지는 마음
- 내면 치유
- 세상을 바라보는 성숙

새벽과 시를 담다

초판 1쇄 발행 2025년 09월 15일

지은이_ 황태옥.조인설.양선.이수민.신재숙
펴낸이_ 황태옥
펴낸곳_ 꿈나비북스
디자인_ 모들디자인
인쇄처_ (주)북모아

주소_ 경북 포항시 남구 효성로 11
전화_ 080-610-7005

ISBN: 979-11-981820-8-1
정가 17,000원

이 책은 저작권법에 따라 보호받는 저작물이므로
무단 전재와 무단 복제를 금지하며
이 책 내용을 이용하려면 반드시 저작권자와
도서출판 창조와 지식의 서면동의를 받아야 합니다.

잘못된 책은 구입처나 본사에서 바꾸어 드립니다.